AF125380

BEI GRIN MACHT SICH IHR WISSEN BEZAHLT

- Wir veröffentlichen Ihre Hausarbeit, Bachelor- und Masterarbeit

- Ihr eigenes eBook und Buch - weltweit in allen wichtigen Shops

- Verdienen Sie an jedem Verkauf

Jetzt bei www.GRIN.com hochladen und kostenlos publizieren

Sonja Kolb

Interpretation G. Kunerts "Neuere Ballade infolge älterer Sage"

GRIN Verlag

Bibliografische Information der Deutschen Nationalbibliothek:

Die Deutsche Bibliothek verzeichnet diese Publikation in der Deutschen National-
bibliografie; detaillierte bibliografische Daten sind im Internet über http://dnb.d-
nb.de/ abrufbar.

Dieses Werk sowie alle darin enthaltenen einzelnen Beiträge und Abbildungen
sind urheberrechtlich geschützt. Jede Verwertung, die nicht ausdrücklich vom
Urheberrechtsschutz zugelassen ist, bedarf der vorherigen Zustimmung des Verla-
ges. Das gilt insbesondere für Vervielfältigungen, Bearbeitungen, Übersetzungen,
Mikroverfilmungen, Auswertungen durch Datenbanken und für die Einspeicherung
und Verarbeitung in elektronische Systeme. Alle Rechte, auch die des auszugsweisen
Nachdrucks, der fotomechanischen Wiedergabe (einschließlich Mikrokopie) sowie
der Auswertung durch Datenbanken oder ähnliche Einrichtungen, vorbehalten.

Impressum:

Copyright © 2003 GRIN Verlag GmbH
Druck und Bindung: Books on Demand GmbH, Norderstedt Germany
ISBN: 978-3-638-84837-4

Dieses Buch bei GRIN:

http://www.grin.com/de/e-book/30706/interpretation-g-kunerts-neuere-ballade-
infolge-aelterer-sage

GRIN - Your knowledge has value

Der GRIN Verlag publiziert seit 1998 wissenschaftliche Arbeiten von Studenten, Hochschullehrern und anderen Akademikern als eBook und gedrucktes Buch. Die Verlagswebsite www.grin.com ist die ideale Plattform zur Veröffentlichung von Hausarbeiten, Abschlussarbeiten, wissenschaftlichen Aufsätzen, Dissertationen und Fachbüchern.

Besuchen Sie uns im Internet:

http://www.grin.com/

http://www.facebook.com/grincom

http://www.twitter.com/grin_com

Interpretation Günter Kunerts
„Neuere Ballade infolge älterer Sage"

Hausarbeit im Rahmen der Lehrveranstaltung

„Einführung in die Textinterpretation.
Deutsche Balleden des 20. Jhd."

im Sommersemester 2002/2003

Fachbereich Sprach- und Literaturwissenschaften
Universität Osnabrück

Vorgelegt von:
Sonja Kolb

2. Semester

Osnabrück, den 26.09.2003

Inhaltsverzeichnis

Literaturverzeichnis

Neuere Ballade infolge älterer Sage

Tief im Schoße des Kyffhäuser,
bei der Ampel hellem Schein,
sitzt der Kaiser Barbarossa
an dem Tisch, der ganz aus Stein.

So soll es sein: Schwarzgefiedertes Geflatter
um den Berg und kreischend, rufend,
komm, errette Deutschland:
so soll es sein; Daß er erscheint
schwertgegürtet, hoch zu Roß, heraus ans Licht
und alle Widersprüche gordischer
                                    Natur
mit einem Schlage löst, er, Schlagetot:
so soll es sein.

Tief im Schoße des Kyffhäuser,
bei der Ampel fahlem Schein,
reglos Kaiser Barbarossa:
mürbes lauerndes Gebein.

Währen ausgestopft nicht alle Raben,
Heimat und Natur verkündend, hinter Glas ergraut,
gläsern ihre treuen Augen;
wären
in den Lüften Schwingen nicht aus Leichtmetall,
beidseits mit Raketen schwer bestückt,
teure Bälge nicht Piloten, Material
anthropologes,
gewaschen täglich außen, innen: Gehirn und
Genital, es wäre möglich, sie
weckten ihn.

Tief im Schoße des Kyffhäuser,
ohne Ampel, ohne Schein,
wartet Kaiser Barbarossa
außerhalb von Zeit und Sein.

Als Ende ein Verkehrsunfall an einer
Kreuzzugs- Kreuzung: vom Pferderücken in die Furt:
Nichtschwimmer und Hohenstaufe in Personalunion,
ins Ferne schweifend, um der Größe
des heiligen Reichs der Deutschen willen:
Deutsche Größe, Gral, geortet geographisch
stets im Ausland. So schweif ein wenig
nach Ravenna, nach Verdun, nach Stalingrad,
El Alamein und Narvik, und finde, heimgekehrt,
falls überhaupt,
einbeinig alle Wege amputiert, sich augenlos
verengte Grenzen: geschrumpfter Flecken
stolzen Schorfs am Globus.

Dort am Schoße des Kyffhäuser
ist die Grenze schon ganz nah:
Als wär Deutschland nie gewesen,
nur ein Kaiser ist noch da.

Am lebenden Objekt belehrter Schüler:
Der gute Deutsche ist
ein ausgestopfter: Tiefsinniger Relikt
leichtsinniger Geschichte (eigener),
fliegt, siegt und fällt,
lässt Haare, lässt Federn, legt Hand an andere,
Hand an sich, an der Hosennähte Spektrum,
gehorsam an die zementte Schläfe:
Zu Befehl! und so heiße
sein Befehl denn: Ein schlechter guter Deutscher sei,
nicht ehern, sondern eher
und besser gleich
übrigen, die ihr Geschick betreiben
um keines Kaisers Bart, in keines Namen
als ihrem eigenen.

Tief in Höhlen des Kyffhäuser
lebt nur noch als Schimmelpilz
eine alte deutsche Sage:
die betrogne Hoffnung wills.

1. Einleitung

Die folgende Ausarbeitung beschäftigt sich mit der „Neueren Ballade infolge älterer Sage" von Günter Kunert. Sie entstand während eines Harz-Aufenthaltes Kunerts 1967. Wie viele andere Stücke dieses Autors, hat auch diese Ballade einen politischen Hintergrund. Die Affinität Kunerts zu solchen Themen, liegt wohl zum Teil darin begründet, dass der 1929 als Sohn einer Jüdin in Berlin geborene Schriftsteller in seiner Jugend sehr durch die Verfolgung und Diskriminierung der NSDAP geprägt wurde. Nach dem Ende des Zweiten Weltkrieges lebte und arbeitete Kunert in der ehemaligen DDR, bis er 1979 aufgrund von Diskrepanzen mit dem sozialistischen System gemeinsam mit seiner Frau nach West- Deutschland auswanderte.

Im Folgenden werde ich einen Versuch der Interpretation dieser Ballade unternehmen. Hierzu ist es zunächst notwendig die Barbarossa-Sage, die in dieser Ballade mit einfließt, zu erläutern. Im zweiten Schritt werde ich die Ballade auf ihre äußere Form hin analysieren, um dann im dritten teil meiner Hausarbeit auf die inhaltliche Interpretation einzugehen.

Mit einer kurzen kritischen Betrachtung des Werkes Kunerts, werde ich diese Ausarbeitung beenden.

2. Die Barbarossa-Sage

Die Barbarossa-Sage (barbarossa = Rotbart) entstand ursprünglich um Kaiser Friedrich den II, wurde aber erstmals im „Volksbuch von Friedrich Barbarossa" (1519) auf Kaiser Friedrich I übertragen. Dieser galt unter seinen Zeitgenossen, und teilweise noch bis in die Gegenwart hinein, als der „Erneuerer des Reiches" und die „Verkörperung ritterlicher Ideale".[1] Er legte den Streit zwischen Welfen und Staufen (von deren Geschlecht er selbst war) bei, und versuchte die Herrschaft Italiens zu erlangen. Auf einem Kreuzzug ertrank Friedrich I, im Alter von 68 Jahren, beim Baden in dem türkischen Fluss Saleph (heute Gösku). Kaiser Friedrich I brachte sein Vorhaben, die Größe des römischen Reichs wieder herzustellen, also nie zu Ende. Trotzdem wurden in Deutschland große Hoffnungen in diesen Kaiser gelegt, und so kam es schließlich zu der Übertragung des Barbarossa-Mythos auf Friedrich I.

Die Barbarossa-Sage (oder auch Kaiser-, bzw. Kyffhäuser-Sage genannt) existiert in mehreren Versionen, bei denen sowohl die Helden, als auch die Schauplätze variieren. Eine Version der Sage die um Kaiser Friedrich I gesponnen wurde erzählt vom schlafenden Barbarossa, der an einem Marmortisch, auf einem Marmorthron im Kyffhäuser-Berg sitzt. Alle 100 Jahre erwacht er und schickt seinen Diener, den Zwerg Alberich, an die Oberfläche, um nachzusehen ob die Raben noch um den Berg kreisen und kreischen. Ist dies der Fall, fällt der Kaiser weitere hundert Jahre in tiefen Schlaf. Erst wenn der Bart des Kaisers ganz um den marmornen Tisch herumgewachsen ist, schwingt sich ein stolzer Adler in die Lüfte und vertreibt alle Raben. Dann erwacht der Kaiser und kehrt zurück, um Deutschland zu alter Größe zu verhelfen.

---

[1] *Der Brockhaus. Multimedial 2003 premium* (CD-Rom)

3. Analyse der äußeren Form

Die „Neuere Ballade infolge ältere Sage" besteht aus zwei unterschiedlichen Strophentypen. Die Strophen die in der Überzahl sind (fünf von neun) bestehen jeweils aus vier Zeilen und sind durchgängig vierhebige Trochäen. Die Verse eins und drei dieser Strophen sind reimlos und haben zweisilbige Endungen. Die Verse zwei und vier hingegen sind reimend und haben nur einsilbige Endungen. Sowohl die erste, als auch die neunte Strophe sind in dieser festen Form gehalten, sodass dieser Strophentyp die Ballade einzurahmen scheint. Der Inhalt der „konventionellen" Strophen wirkt zunächst refrainähnlich, ändert sich aber im Verlauf der Ballade zusehends.

Dem gegenüber stehen die längeren Strophen, die jeweils auf die kurzen, in der Form sehr starren Strophen folgen. Die längeren Strophen sind den kurzen Strophen zwar zahlenmäßig unterlegen, beinhalten aber weit mehr Zeilen- die Anzahl der Zeilen steigt im Verlauf der Ballade sogar von Strophe zu Strophe an (Strophe 2 = 8 Zeilen, Strophe 4 = 11 Zeilen usw.). Auch die Länge der einzelnen Strophen ist unregelmäßig, so wie das gesamte Versmaß. Diese Strophen sind reimlos und durch eine recht häufige, und zugleich willkürlich wirkende Punktuation gekennzeichnet.

4. Inhaltliche Interpretation

Die Ballade Günter Kunerts reflektiert die deutsche Geschichte. Diese Reflektion wird in einem Spiel zwischen Strophe und Gegenstrophe dargestellt. Es stehen sich also zwei Strophentypen gegenüber: die „konventionelle", in der Form sehr starre, ordentliche Strophe, die sich ausschließlich der Barbarossa-Sage widmet, und die „unkonventionelle", in der äußeren Form sehr freie Strophe, welche nicht nur erläuternden und reflektierenden Charakter hat, sondern gleichermaßen vom Autor genutzt wird, um konkrete Forderungen zu stellen und eine eigene Auffassung der deutschen Geschichte zu vermitteln.

4.1. Die „konventionelle" Strophe

Die erste, dritte, fünfte, siebte und neunte Strophe sind also in einer bewusst strengen, ordentlichen und kontinuierlichen Form verfasst. Dies scheint umso logischer, als sich diese ausschließlich mit der Barbarossa-Sage beschäftigt, und so nicht nur in der äußeren Form, sondern auch inhaltlich bei einem Thema bleibt. Zunächst scheint es, als verändere sich die Strophe inhaltlich nicht:

> Tief im Schoße des Kyffhäuser,/ bei der Ampel hellem Schein,/ sitzt
> der Kaiser Barbarossa/ an dem Tisch, der ganz aus Stein.

Diese Strophe gibt lediglich die überlieferte Sage wieder, ohne sie zu bewerten. Die darauf folgende Strophe scheint kaum verändert, kündigt aber bereits eine Tendenz an:

> Tief im Schoße des Kyffhäuser,/ bei der Ampel *fahlem* Schein,/ *reglos*
> Kaiser Barbarossa:/ *mürbes lauerndes* Gebein.

Das Licht, welches in der ersten Strophe noch „hell" geschienen hat, ist hier nur noch „fahl". Ein erlöschendes Licht, birgt immer die Vorstellung von Tod oder Sterben. Auch der Kaiser, der zuvor noch aufrecht an einem Tisch saß, wird jetzt als „regloses, mürbes, lauerndes Gebein" dargestellt. Durch die Adjektive „reglos" und „mürb" wird der Figur des Barbarossa ein Stück Kraft und

Lebendigkeit genommen. Zusätzlich erscheint sie aber als gefährlich, oder bedrohlich, da sie als „lauernd" bezeichnet wird.

In der fünften Strophe wird der Gesamteindruck der dritten Strophe noch einmal verstärkt:

> Tief im Schoße des Kyffhäuser,/ *ohne* Ampel, *ohne* Schein,/ *wartet*
> Kaiser Barbarossa/ *außerhalb von Zeit und Sein.*

Hier ist der Sage das „Lebenslicht" ausgehaucht worden, die Ampel ist gänzlich erloschen und der stolze Kaiser „wartet", ist vollkommen passiv und nicht mehr in den, für den Menschen reellen Dimensionen „Zeit und Sein".

In der siebten Strophe findet in gewisser Weise ein Bruch statt. Hier weicht der Inhalt erstmals deutlich von dem der vorhergegangenen Strophen ab:

> Dort *am* Schoße des Kyffhäuser/ ist die *Grenze* schon *ganz nah:*/ Als
> wär *Deutschland nie gewesen,*/ *nur* ein Kaiser ist noch da.

Diese Strophe hat als einzige ihrer Art, einen (zur Zeit der Veröffentlichung) aktuellen Bezug. Der Kyffhäuser ist ein Bergrücken südlich des Unterharzes und der Goldenen Aue in Thüringen[2] , und somit recht nah an der Grenze zur ehemaligen DDR. Die Grenze ist also tatsächlich ganz nah. Auch war Deutschaland zur Zeit der Zweiteilung alles andere als „das große römische Reich" von dem Friedrich I und seine Zeitgenossen wohl geträumt haben („Als wär Deutschland nie gewesen…")

> Tief in Höhlen des Kyffhäuser/ lebt nur noch als Schimmelpilz/
> eine alte deutsche Sage:/ die betrogne Hoffnung wills.

Besonders in dieser letzten Strophe wird dem Betrachter das gefühl gegeben, dass hier in fünf Strophen eine Sage sterben gelassen wird. Mit dem Bild des „Schimmelpilz" entsteht die Assoziierung mit Tod bzw. Verwesung. Zugleich wird aber herausgehoben, dass „die betrogne Hoffnung" offenbar das Weiterbestehen dieser alten deutschen Sage – trotz ihres Verfalls – fordert. Aber was zerfällt mit

---

[2] *Der Brockhaus. Multimedial 2003 premium* (CD-Rom)

dieser deutschen Sage eigentlich genau? Es ist der Mythos eines großen und mächtigen Deutschlands. Der Mythos über einen mächtigen deutschen Kaiser, Machthalter, Erretter. Ein patriotisches Selbstverständnis, welches in der Deutschen Geschichte immer wieder auftaucht, und Stoff der „unkonventionellen" Strophen der vorliegenden Ballade ist.

4.2. Die „unkonventionellen" Strophen

Diese Strophen sind formlos und reimlos und stellen somit rein äußerlich den genauen Gegensatz zu dem festen Versmaß der konventionellen Strophen dar. Dennoch sind sie vom Inhalt nicht als Gegenbewegung zu verstehen, sondern haben eine ebenso erläuternden wie auch reflektierenden Charakter.

> So soll es sein: Schwarzgefiedertes Geflatter
> um den Berg und kreischend, rufend,
> komm, errette Deutschland:
> so soll es sein; Daß er erscheint
> schwertgegürtet, hoch zu Roß, heraus ans Licht
> und alle Widersprüche gordischer Natur
> mit einem Schlage löst, er, Schlagetot:
> so soll es sein.

Besonders in diesen Zeilen (Strophe 2) wird der erläuternde Charakter dieser Strophen deutlich. Während die erste Strophe zwar schon das Thema andeutet, erklärt im Grunde erst diese Zweite Strophe die Sage tatsächlich. Hier fliest noch keine Wertung oder gar eine politische Stellung mit ein. Ganz neutral schildert die Strophe wie es laut der Überlieferung „seien soll".

> *Währen* ausgestopft *nicht* alle Raben,
> Heimat und Natur verkündend, hinter Glas ergraut,
> gläsern ihre treuen Augen;
> wären
> in den Lüften Schwingen nicht aus Leichtmetall,
> beidseits mit Raketen schwer bestückt,
> teure Bälge nicht Piloten, Material
> anthropologes,
> gewaschen täglich außen, innen: Gehirn und

Genital, *es wäre möglich, sie*
weckten ihn.

Hier findet bereits eine Reflektion statt. Durch die Schilderung der
Realität, wie sie der Autor wahrnimmt, widerlegt dieser zugleich, dass
sich die Sage um Kaiser Barbarossa noch erfüllen kann. Die Nutzung
des Kausal „wäre möglich" lässt noch offen ob der Mythos nicht unter
anderen Umständen in Erfüllung gehen könnte. Die Tatsache jedoch,
dass eingeleitet wird mit den Worten „Wären nicht ausgestopft alle
Raben" schließt den Mythos vollkommen aus, denn diese Tatsache ist
nicht rückgängig zu machen.
Ausgegangen von der Lebenssituation des Autors, und der Zeit in der
diese Ballade geschrieben worden ist, kann vermutet werden dass hier
auf den kalten Krieg angespielt wird. Eine Erscheinungsform des KK
war das Wettrüsten zwischen Ost und West, was dazu führte, dass die
Parteien „beidseits mit Raketen schwer bestückt" waren. Die Zeile
„gewaschen täglich außen, innen; Gehirn" lässt gar auf eine
grundsätzlich anti- militärische Haltung Kunerts schließen.
Die Tatsache, dass das Gebiet um den Kyffhäuser sehr nah an der
ehemaligen Grenze zwischen Ost und West liegt, könnte Verbindung
von Sage und aktueller politischer Situation erklären.

Als Ende ein Verkehrsunfall an einer
Kreuzzugs- Kreuzung: vom Pferderücken in die Furt:
Nichtschwimmer und Hohenstaufe in Personalunion,
ins Ferne schweifend, um der Größe
des heiligen Reichs der Deutschen willen:
Deutsche Größe, Gral, geortet geographisch
stets im Ausland. So schweif ein wenig
nach *Ravenna*, nach *Verdun*, nach *Stalingrad*,
El Alamein und *Narvik*, und finde, heimgekehrt,
falls überhaupt,
einbeinig alle Wege amputiert, sich augenlos
verengte Grenzen: geschrumpfter Flecken
stolzen Schorfs am Globus.

In dieser Strophe wird nun ein weiterer historischer Aspekt
hinzugezogen, nämlich das Streben der Deutschen nach Ausdehnung
des Landes: „Deutsche Größe, Gral, geortet/ geographisch stets im
Ausland.". In einer Strophe unternimmt Kunert einen Streifzug durch

die Geschichte Deutschlands. Angefangen mit den Kreuzzügen Friedrich I, gibt Kunert im weiteren Verlauf der Strophe Hinweise auf Schauplätze des Ersten (Ravenna, Verdun) sowie des Zweiten Weltkrieges (Stalingrad, El Alamein, Narvik), an denen Deutschland mit seinen Gebiets- und Herrschaftsansprüchen gewirkt hat.

Die letzten vier Strophen beinhalten dann wieder eine deutliche Stellungnahme. Das Scheitern all dieser Versuche das Machtspektrum Deutschlands zu erweitern und sich andere Völker zu unterwerfen, wird durch die Verwendung sehr ausdrucksvoller Verben deutlich negativ bewertet („einbeinig alle Wege amputiert", „geschrumpfter Flecken/ stolzen Schorfs").

Am lebenden Objekt belehrter Schüler:
Der gute Deutsche ist
ein ausgestopfter: Tiefsinniger Relikt
leichtsinniger Geschichte (eigener),
fliegt, siegt und fällt,
lässt Haare, lässt Federn, legt Hand an andere,
Hand an sich, an der Hosennähte Spektrum,
gehorsam an die zementne Schläfe:
Zu Befehl! und so heiße
sein Befehl denn: Ein schlechter guter Deutscher sei,
nicht ehern, sondern eher
und besser gleich
übrigen, die ihr Geschick betreiben
um keines Kaisers Bart, in keines Namen
als ihrem eigenen.

Die letzte dieser „formlosen" Strophen formuliert nun die Schlussfolgerungen, welche die Deutschen aus der zuvor zusammengefassten und beurteilten deutschen Geschichte ziehen sollte. Hier wird klar und deutlich eine Forderung gestellt: „und so heiße/ sein Befehl denn: Ein guter schlechter Deutscher sei,/ nicht ehern, sondern eher/ und besser gleich/ übrigen, die ihr Geschick betreiben/ um keines Kaisers Bart, in keines Namen/ als ihrem eigenen." Die Forderung ist also das über Jahrhunderte bestehender und gepflegter falscher Patriotismus, durch Selbstbestimmung und Eigenverantwortlichkeit ersetzt werden soll.

Kunerts Ballade ist somit die Aufforderung aus der eigenen Geschichte zu lernen, die überlieferten Mythen auf ihre Botschaft hin zu überprüfen und deren Bedeutung für die Gegenwart kritisch zu betrachten. Die Ballade ist eine politisch- kritische, die nicht einfach Kritik an der Deutschen Geschichte übt, sondern vielmehr an den Deutschen selbst und deren falschen Patriotismus, welcher die Geschichte über Jahrhunderte hinweg geprägt hat.

5. Fazit

Die „Neuere Ballade infolge älterer Sage" von Günter Kunert, ist meiner Meinung ein besonders gutes Beispiel dafür, dass die Ballade keineswegs an Aktualität verloren hat. Die Problematik die von Kunert in seiner Ballade thematisiert, ist mehr denn je aktuell. Neuere Literaturtheorien (beispielsweise Hans-Georg Gadamers Text „Sprache als Medium der hermeneutischen Erfahrung") zeigen, dass es zum Verständnis eines Textes nicht zwangsläufig notwendig ist, den Hintergrund des Verfassers zu kennen. Zwar ist der politische Hintergrund vor dem Kunert seine Ballade verfasst hat, nicht derselbe der sich den Menschen heute darlegt. Die Frage wie weit Patriotismus und Machtstreben gehen darf, und ab wann die Zustimmung eines Volkes in bloßen Gehorsam übergeht, stellt sich vor dem Hintergrund des Irak Krieges heute allerdings mindestens mit gleicher Brisanz.

Die Art und Weise in der Kunert schreibt, ist meiner Meinung nach sehr gelungen, und rechtfertigt somit abermals die Wahl der Ballade als Darstellungsform.

Die Ballade erzählt in ihrer eigentlichen Form nicht selten eine Geschichte. Diese Geschichte hat oft Schicksale verschiedenster Charaktere zum Thema, die nicht immer glücklich enden wie z.B. in F. Wedekinds „Brigitte B.", E. Mühsams „Kleiner Roman", oder Chr. Reinecks „Ballade vom blutigen Bomme". Günter Kunerts „Neuere Ballade infolge älterer Sage" erzählt nicht *eine* Geschichte in diesem Sinne, sondern *die* Geschichte, betrachtet sie kritisch und ist meiner Meinung nach mit der Form der Ballade denkbar gut dargestellt.

Literaturverzeichnis

Deutsche Balladen, hg. von Laufhütte, (Reclam Nr. 8501).

Kritisches Lexikon der deutschsprachigen Gegenwartsliteratur, hg. Von Heinz Ludwig Arnold (Band 7).

Wege zum Gedicht II. Interpretation von Balladen, hg. Von Rupert Hirschenauer und Albrecht Weber, München/Zürich 1968.

Texte zur Literaturtheorie der Gegenwart, hg. Von Dorothee Kimmich, Rolf Günter Renner und Bernd Stiegler, Stuttgart 1996, (Reclam Nr. 9414).